Leistungsdiagnostik, Ausdauertestung, Trainingsplanung Mesozyklus

Tobias Kraatz

Bibliografische Information der Deutschen Nationalbibliothek:

Die Deutsche Nationalbibliothek verzeichnet diese Publikation in der Deutschen Nationalbibliografie; detaillierte bibliografische Daten sind im Internet über http://dnb.d-nb.de abrufbar.

ISBN: 9783346577122
Dieses Buch ist auch als E-Book erhältlich.

© GRIN Publishing GmbH
Nymphenburger Straße 86
80636 München

Druck und Bindung: Books on Demand GmbH, Norderstedt Germany
Gedruckt auf säurefreiem Papier aus verantwortungsvollen Quellen

Das Buch bei GRIN: https://www.grin.com/document/1167041

Einsendeaufgabe

Fachmodul: Trainingslehre II

Studiengang: Bachelor of Arts Sportökonomie

Name, Vorname: Kraatz, Tobias

Studienort: **Stuttgart**

Inhaltsverzeichnis

1 Diagnose

1.1 Allgemeine Daten, biometrische Parameter und allgemeiner Gesundheitszustand

Tabelle 1: Allgemeine Daten, biometrische Parameter und allgemeiner Gesundheitszustand

Allgemeine Daten	
Alter	21 Jahre
Geschlecht	Männlich
Körpergröße	183 cm
Körpergewicht	91 kg
BMI (Gewicht/Größe^2)	24,86
Trainingsmotive	Steigerung der Ausdauerleistungsfähigkeit, Reduktion des Körperfettanteils, Blutdrucksenkung
Berufliche Tätigkeit	Student im Bereich Medien- und Kommunikationsmanagement
Frühere sportliche Aktivitäten	Fußball (vom 6. bis 18. Lebensjahr)
Aktuelle sportliche Aktivitäten	Krafttraining (1-2 Einheiten pro Woche), Joggen (1-2 Einheiten pro Woche mit ca. 30 min.)
Zeitlicher Verfügungsrahmen	2 bis 3 Mal, maximal 120 Minuten pro Woche

Biometrische Parameter		
	Ergebnis	Bewertung
Blutdruck	143/92 mmHg	Hypertonie Stufe 1
Ruhepuls	68 Schläge/min.	Normal

Allgemeiner Gesundheitszustand	
Orthopädische Probleme	Keine
Internistische Probleme	Keine
Ärztliche Behandlungen	Keine
Einnahme von Medikamenten	Keine
Sonstige gesundheitliche Einschränkungen	Keine

Tabelle 2: Klassifikation der Blutdruckwerte durch die World Health Organisation (WHO)

Wertung	Systolischer Blutdruck	Diastolischer Blutdruck
Optimal	< 120 mmHg	< 80 mmHg
Normal	120-129 mmHg	80-84 mmHg
Hochnormal	130-139 mmHg	85-89 mmHg
Hypertonie Stufe 1	140-159 mmHg	90-99 mmHg
Hypertonie Stufe 2	160-179 mmHg	100-109 mmHg
Hypertonie Stufe 3	> 180 mmHg	> 110 mmHg

Der Trainierende hatte bzw. hat keine orthopädischen oder internistischen Probleme. Er war noch nie in ärztlicher Behandlung und musste bis jetzt noch keine rezeptpflichtigen Medikamente einnehmen.

Der gemessene Ruhepuls von 68 Schlägen pro Minute zeigt keinerlei Abweichung von der Norm. Der Blutdruck hingegen wurde mit 143/92 mmHg der Kategorie „Hypertonie Stufe 1" (Bluthochdruck) zugewiesen. Aufgrund der erhöhten Blutdruckwerte wurde der Proband angewiesen mit dem Hausarzt einen Termin zu vereinbaren. Bei der Untersuchung konnte festgestellt werden, dass trotz Bluthochdruck keine Einschränkungen im Bereich der Leistungs- bzw. Belastungsfähigkeit vorliegen.

1.2 Leistungsdiagnostik und Ausdauertestung

Bevor die eigentliche Trainingsplanung durchgeführt werden kann, muss zuerst die ausdauerspezifische Belastbarkeit des Trainierenden bestimmt werden. Die Bestimmung kann durch verschiedene Tests mit dem Fahrradergometer erfolgen. Aufgrund des Leistungsstandes des Probanden kommen der Hollmann-Venrath-Test sowie der WHO-Test in Frage. Der sogenannte Vita-Maxima-Test kann wegen der aktuellen Trainingsstufe des Probanden ausgeschlossen werden. Dieser wird hauptsächlich mit (Hoch-)Leistungssportlern durchgeführt. Um sich zwischen den beiden Testvarianten zu entscheiden, werden der aktuelle Leistungszustand und die biometrischen Daten genauer betrachtet. Der Trainierende betreibt nun seit einigen Monaten unregelmäßiges Kraft- und Ausdauertraining (Laufen). In dieser Zeitperiode hat er sich, trotz ungeregelter Trainingstage, eine gewisse Kraft- bzw. Ausdauergrundlage erarbeitet. Da der WHO-Test für (stark) übergewichtige und untrainierte Personen entwickelt wurde, kann dieser ebenfalls ausgeschlossen werden. Deswegen wird zur Leistungsdiagnostik das Verfahren des Hollmann-Venrath-Tests verwendet.

Dieser wird auf einem voreingestellten Fahrradergometer durchgeführt. Die Belastung kann exakt dosiert werden und zur Dokumentation bzw. Kontrolle der Leistungsentwicklung des Probanden können Re-Tests durchgeführt werden.

In der folgenden Tabelle sind alle wichtigen Parameter angegeben und werden übersichtlich dargestellt.

Tabelle 3: Testverlauf nach Hollmann & Venrath (eigene Darstellung)

Testform:		Eingangsbelastung:		Stufendauer:
- Hollmann & Venrath Test		30 Watt		3 Minuten
- Stufentest		Belastungssteige-		Trittfrequenz:
- submaximal		rung: 40 Watt		60 bis 80 U/min.
Gewicht: 91kg		Ruhepuls: 68 s/min.		Blutdruck: 143/92 mmHg
Pulsobergrenze (nach IPN): 145 s/min.			Abbruchgrenze: 145 s/min.	
Erneute Messung der Herzfrequenz (Hf): minütlich während jeder Stufe				
Zeit (Minute)	Wattleistung	HF 1	HF 2	HF 3
1-3	30	78	80	81
4-6	70	86	90	95
7-9	110	101	106	112
10-12	150	119	123	129
13-15	190	136	140	145
Wattleistung bei Testabbruch: 190 Watt		Relative Gesamtleistung (Watt/kg): 2,09		

Der Testabbruch erfolgte nach exakt 15 Minuten, da der Proband die bestimmte Pulsobergrenze von 145 Schlägen pro Minute erreicht hatte. Die gegebene Wattleistung von 190 wurde in Relation zum Körpergewicht des Probanden (91kg) gesetzt. Das Ergebnis von 2,09 Watt/kg spiegelt die relative Watt-Soll-Leistung wieder. Die Normwerte bei dem Hollmann und Venrath Test liegen zwischen einer Watt-Soll-Leistung von 2,00 Watt/kg bis 2,40 Watt/kg (IPN, 2004, S.8). Demnach lässt sich die Ausdauerleistungsfähigkeit des Trainierenden als durchschnittlich einstufen und ein Belastungsfaktor von 0,61 festlegen.

1.3 Gesundheits- und Leistungsstatus der Person

Bei der Erfassung der biometrischen Daten und dem aktuellen Trainingszustand wurde deutlich, dass der Proband keinerlei Vorerkrankungen oder sonstige gesundheitliche Probleme hat, die ihn in seiner Belastungs- bzw. Leistungsfähigkeit einschränken. Lediglich der gemessene Bluthochdruck weicht von den Normwerten ab. Jedoch wurde in Absprache mit dem Hausarzt geklärt, dass dieser Wert keine Einschränkung darstellt.

Die IPN-Testung auf dem Fahrradergometer hat gezeigt, dass der Proband eine durchschnittliche Ausdauerleistungsfähigkeit besitzt. Um diese zukünftig zu verbessern, werden Parameter wie der Trainingsumfang und die Intensität im späteren Verlauf gesteigert.

2 Zielsetzung/Prognose

Während dem anfänglichen Gespräch und der Besprechung nach dem Fahrradergometer-Test wurden Ziele für die kommenden 4 Monate vereinbart. Dabei wurden die persönlichen Ziele des Probanden mit den gesundheitlichen Werten abgeglichen. Im Anschluss wurden die Ziele detailliert besprochen und, wie in Tabelle 4 ersichtlich, notiert.

Der Trainierende möchte seine allgemeine Ausdauer verbessern, um in Zukunft fitter zu sein und Belastungen länger durchzuhalten. Um die Steigerung der Ausdauerleistungsfähigkeit zu kontrollieren, wird die IPN-Testung in 4-wöchigen Abständen für vier Monate wiederholt. Nach dem Ablauf dieser Periode soll der Proband die erbrachte Gesamtleistung von 2,09 Watt/kg auf 2,6 Watt/kg erhöhen.

Im Gespräch wurde deutlich, dass der Trainierende mit seinem äußeren Erscheinungsbild unzufrieden ist. Vor allem wenn er mit Freunden an einen Badesee geht, schämt er sich für seinen Körper. Er möchte nicht nur innerlich leistungsfähiger werden, sondern auch äußerlich fitter wirken. Sein sekundäres Ziel ist es, in dem angegebenen Zeitraum den Körperfettanteil um 5% senken, um überflüssiges Fettgewebe zu verlieren und zukünftig ein besseres äußeres Erscheinungsbild abzugeben.

Begleitet wird die Entwicklung durch eine Umstellung der Ernährung, damit er seine Ziele schneller erreicht

Zuletzt will er mithilfe gezielter Ausdauereinheiten seinen Blutdruck senken, um das Risiko zukünftiger koronalen Herzkrankheiten zu senken. Demnach soll in einem Zeitraum von 4 Monaten der systolische Blutdruck um 10 mmHg und der diastolische Blutdruck um 6 mmHg gesenkt werden. Tabelle 4 stellt die Trainingsziele anhand von Inhalt, Ausmaß und Zeit übersichtlich dar.

Tabelle 4: Bestimmung der Trainingsziele

Inhalt	Ausmaß	Zeit
Steigerung der Ausdauerleistungsfähigkeit nach IPN	Steigerung der Leistung auf mindestens 2,6 Watt/kg Körpergewicht	4 Monate
Reduktion des Körperfettanteils	5%	4 Monate
Senkung des Blutdrucks	Absenkung um 10 mmHg systolisch und 6 mmHg diastolisch	4 Monate

3 Trainingsplanung Mesozyklus

3.1 Grobplanung Mesozyklus

Im Anschluss an die vorgenommene Ausdauertestung und die Bewertung der biometrischen Daten wird die Planung des ersten Mesozyklus für den Probanden vorgenommen. Unter der Berücksichtigung der Parameter wird vorab eine listenmäßige Übersicht erstellt. In dieser werden die festgelegten Belastungsparameter übersichtlich dargestellt und tabellarisch geordnet.

Tabelle 5: Grobplanung Mesozyklus I

Mesozyklus I	
Dauer	6 Wochen
Trainingsziele	- Aufbau und Entwicklung der Grundlagenausdauer - Einstellung auf regelmäßige Ausdauerbelastungen - Fettstoffwechsel anregen
Trainingsumfang	60 bis 120 Minuten pro Woche
Trainingsmethoden	- Extensive Dauermethode - Variable Dauermethode (5:5)
Belastungsintensität	- Extensiv 60 – 70% Hf_{max} - Variabel 75 – 85% Hf_{max}
Trainingshäufigkeit	2 bis 3 Einheiten pro Woche
Trainingsdauer	30 bis 40 Minuten pro Einheit
Trainingsgeräte	Fahrrad, Laufband

3.2 Detailplanung Mesozyklus

Tabelle 6: Mesozyklus Woche 1 und 2 (eigene Darstellung)

Woche 1	Dienstag	Mittwoch	Woche 2	Dienstag	Mittwoch
Trainingsziel	GA I	GA I	Trainingsziel	GA I	GA I
Train.-Methode	Extensive Dauermethode	Extensive Dauermethode	Train.-Methode	Extensive Dauermethode	Extensive Dauermethode
Train.-Intensität	60–65% Hf_{max}	60–65% Hf_{max}	Train.-Intensität	60–65% Hf_{max}	60–65% Hf_{max}
Train.-Herzfrequenz	Untergrenze: 119 s/min. Obergrenze: 129 s/min.	Untergrenze: 107 s/min. Obergrenze: 117 s/min.	Train.-Herzfrequenz	Untergrenze: 119 s/min. Obergrenze: 129 s/min.	Untergrenze: 107 s/min. Obergrenze: 117 s/min.
Train.-Dauer	35 Minuten	35 Minuten	Train.-Dauer	40 Minuten	40 Minuten
Train.-Gerät	Laufband	Fahrrad	Train.-Gerät	Laufband	Fahrrad

Tabelle 7: Mesozyklus Woche 3 und 4 (eigene Darstellung)

Woche 3	Montag	Mittwoch	Freitag	Woche 4	Montag	Mittwoch	Freitag
Trainings-ziel	GA I	GA I	GA I	Trainings-ziel	GA I	GA I	GA I
Train.-Methode	Extensive DM	Variable DM	Extensive DM	Train.-Methode	Extensive DM	Variable DM	Extensive DM
Train.-Intensität	65-70% Hf_{max}	70-75% Hf_{max}	60–65% Hf_{max}	Train.-Intensität	65-70% Hf_{max}	70-75% Hf_{max}	60–65% Hf_{max}
Train.-Herzfrequenz	Unter-grenze: 129 s/min. Ober-grenze: 139 s/min.	Unter-grenze: 125 s/min. Ober-grenze: 134 s/min.	Unter-grenze: 119 s/min. Ober-grenze: 129 s/min.	Train.-Herzfrequenz	Unter-grenze: 129 s/min. Ober-grenze: 139 s/min	Unter-grenze: 125 s/min. Ober-grenze: 134 s/min.	Unter-grenze: 119 s/min. Ober-grenze: 129 s/min.
Train.-Dauer	30 Min.	30 Min. (5:5)	30 Min.	Train.-Dauer	35 Min.	30 Min. (5:5)	35 Min.
Train.-Gerät	Laufband	Fahrrad	Laufband	Train.-Gerät	Laufband	Fahrrad	Laufband

Tabelle 8: Mesozyklus Woche 5 und 6 (eigene Darstellung)

Woche 5	Montag	Mittwoch	Freitag	Woche 6	Montag	Mittwoch	Freitag
Trainings-ziel	GA I	GA I	GA I	Trainings-ziel	GA I	GA I	GA I
Train.-Methode	Extensive DM	Variable DM	Extensive DM	Train.-Methode	Extensive DM	Variable DM	Extensive DM
Train.-Intensität	65-70% Hf_{max}	70-75% Hf_{max}	60–65% Hf_{max}	Train.-Intensität	65-70% Hf_{max}	70-75% Hf_{max}	60–65% Hf_{max}
Train.-Herzfrequenz	Unter-grenze: 129 s/min. Ober-grenze: 139 s/min	Unter-grenze: 125 s/min. Ober-grenze: 134 s/min.	Unter-grenze: 119 s/min. Ober-grenze: 129 s/min.	Train.-Herzfrequenz	Unter-grenze: 129 s/min. Ober-grenze: 139 s/min	Unter-grenze: 125 s/min. Ober-grenze: 134 s/min.	Unter-grenze: 119 s/min. Ober-grenze: 129 s/min.
Train.-Dauer	35 Min.	40 Min. (5:5)	35 Min.	Train.-Dauer	40 Min.	40 Min. (5:5)	40 Min.
Train.-Gerät	Laufband	Fahrrad	Laufband	Train.-Gerät	Laufband	Fahrrad	Laufband

3.3 Begründung zum Mesozyklus

3.3.1 Begründung von Trainingsumfang und -dauer

Im Anfangsgespräch mit dem Probanden wurde deutlich, dass er seine Trainingszeit für Ausdauereinheiten effektiver nutzen möchte. Da er sich anfangs erst an die gezielte und kontinuierliche Belastung gewöhnen soll, werden in den ersten beiden Wochen zwei feste Trainingstage festgelegt. Nach dieser „Gewöhnungsphase" wird die Anzahl an Einheiten ab der dritten Woche auf 3 erhöht. Mit der kontrollierten Erhöhung des Trainingsumfangs wird somit gewährleistet, dass der Organismus des Trainierenden seine Leistungsstrukturen aufbauen kann (vgl Weineck, 2010, S.40). Zusätzlich wird die wöchentliche Trainingsdauer um 10 Minuten angehoben. Die kontinuierliche Belastung und deren progressive Steigerung führt „zu einem fortlaufenden Anstieg der sportlichen Leistungsfähigkeit" (Weineck, 2010, S. 55). Lediglich in Woche 2 und 3 kommt es zu einer Anomalie durch die geringere Trainingszeit pro Einheit. Dort wurde die Zeit gezielt reduziert, um den Probanden an den zusätzlichen Trainingstag zu gewöhnen.

3.3.2 Begründung der ausgewählten Trainingsmethoden

In den ersten 6 Wochen legt der Fokus des Probanden auf dem Aufbau bzw. Stabilisation der Grundlagenausdauer (GA I) um ein Fundament für folgende Mesozyklen zu schaffen. Um dies zu erreichen werden zwei Dauermethoden verwendet, die nicht nur bei der Entwicklung der GA I helfen sollen, sondern auch physiologische Anpassungseffekte wie zum Beispiel die Ökonomisierung des Stoffwechsels mit sich führen (vgl. Weineck, 2010, S.270). Die beiden verwendeten Methoden werden in die extensive und variable Dauermethode (extensive DM / variable DM) unterteilt. Der Proband trainiert bei der extensiven DM in einer Intensitätsamplitude von 60 – 70% der maximalen Herzfrequenz ($Hf_{max.}$) und bei der variablen DM im Intensitätsbereich von 70 – 75% $Hf_{max..}$. In diesem Bereich ist die Fettstoffwechselrate am höchsten, wodurch eine Verbesserung des Fettstoffwechsels erfolgt. Somit wird sich durch Kontinuität eine Reduktion des Gewichts bemerkbar machen (vgl. Muster & Zielinski, 2006, S. 130). Bei der variablen DM trainiert der Proband jeweils 5 Minuten im unteren Intensitätsbereich und anschließend 5 Minuten im oberen Bereich. Die variable Dauermethode wurde als Ergänzung verwendet, um den Trainierenden unter anderem verschiedene Facetten des Ausdauertrainings aufzuzeigen und auf spätere Mesozyklen mit anderen Trainingsmethoden aufmerksam zu machen.

3.3.3 Begründung zur Belastungsprogression

Im Rahmen des ersten Mesozyklus wurde die Belastungsprogression durch die Erhöhung des Trainingsumfangs (von 2 auf 3 Einheiten) und die Steigerung der Trainingszeit pro Einheit (auf maximal 40 Minuten) erreicht. Somit hat sich der Proband in den 6 Wochen kontinuierlich an seinen zeitlichen Verfügungsrahmen von maximal 3 Trainingseinheiten und 120 Minuten Belastung angenähert. Die Intensität wurde konstant zwischen 60% bis 75% der maximalen Herzfrequenz gehalten, um den Trainierenden, gemäß seinem Leistungslevel, nicht zu sehr zu beanspruchen. Dabei wurde die Belastungsintensität von unterschiedlichen Trainingstagen verändert, um dem Probanden „spielerisch" verschiedene Intensitätsstufen aufzuzeigen und ihm einen Ausblick für zukünftige Belastungssteigerungen aufzuzeigen.

3.3.4 Begründung der angesteuerten Trainingsbereiche

Im ersten Mesozyklus wurde sich auf den Trainingsbereich Grundlagenausdauer I konzentriert. Wichtig war, durch den Aufbau und die Stabilisierung der GA I, ein Fundament für den Trainierenden zu schaffen. Zudem bietet sich der Trainingsbereich an, um seine persönlichen Ziele, wie beispielsweise die Gewichtsreduktion, zu erreichen. Allerdings wurde nicht nur eine Phase des physischen Fortschritts durchlaufen. Denn der Proband sollte nicht stur nach dem Plan trainieren, um nach dem Ablauf des Mesozyklus aufzuhören. Vielmehr wurde darauf geachtet, dass er sich in dem Zeitraum psychisch mitentwickelt und erkennt, welche Fortschritte durch kontinuierliche Belastung auftreten.

3.3.5 Begründung der gewählten Ausdauergeräte

Während den sechs Wochen sollte der Proband ausschließlich auf dem Fahrrad und dem Laufband trainieren. Das Fahrrad wurde ausgewählt, da die Bestimmung des Trainingszustandes mithilfe einer Testung auf dem Fahrradergometer durchgeführt wurde. Das daraus resultierende Ziel der Steigerung der Leistungsfähigkeit kann durch die Durchführung eines Re-Test erfolgen. Zudem ist die koordinative Beanspruchung auf dem Fahrrad geringer als auf anderen Ausdauergeräten. Deswegen war die Intensität auf dem Fahrrad höher als auf dem Laufband. Das bereits angesprochene Laufband wurde als zweites Gerät ausgewählt, da der Proband bereits an die koordinative Belastung, durch selbstständige Laufeinheiten, gewöhnt war.

11

4 Literaturrecherche

In den folgenden Tabellen 9 und 10 werden zwei Studien zum Thema „Effekte des Ausdauertrainings bei Diabetes mellitus Typ-2" tabellarisch dargestellt.

Tabelle 9: Studie 1 (Sardar et al., 2014)

Studie 1	
Fragestellung	**Details**
Wer hat die Studie durchgeführt?	Sardar MA, Boghrabadi V, Sohrabi M, Aminzadeh R, Jalalian M
Publikationsdatum	20. Januar 2014
Versuchspersonen	53 männliche Probanden mit Diabetes mellitus Typ-2; Erkrankungsdiagnose seit 3 ± 5 Jahren
Versuchsaufbau	Aufteilung der Probanden in Versuchsgruppe (27 Teilnehmer) und Kontrollgruppe (26 Teilnehmer) Zeitraum: 8 Wochen Versuchsgruppe: 3 Mal wöchentliches Ausdauertraining von 45 bis 60 Minuten auf einem Fahrradergometer; Herzfrequenz wurde zwischen 60 – 70% der Herzfrequenzreserve gehalten Kontrollgruppe: Regulärer Tagesablauf für den besagten Zeitraum (8 Wochen); kein Ausdauertraining
Ergebnisse	Signifikante positive Auswirkungen auf: - die psychische Gesundheit - körperliche Symptome - Angst sowie Schlaflosigkeit
Schlussfolgerung	Ausdauertraining kann die physische und psychische Gesundheit bei Patienten mit Diabetes mellitus Typ-2 verbessern

Tabelle 10: Studie 2 (Church et al., 2011)

Studie 2	
Fragestellung	**Details**
Wer hat die Studie durchgeführt?	Church TS, Blair SN, Cocreham S, Johannsen N, Johnson W, Kramer K, Mikus CR, Myers V, Nauta M, Rodarte RQ, Sparks L, Thompson A, Earnest CP
Publikationsdatum	2. März 2011
Versuchspersonen	262 sesshafte Männer und Frauen aus Louisiana mit Diabetes mellitus Typ-2 und HbA1c von über 6,5%
Versuchsaufbau	Zeitlicher Rahmen: 9 Monate; Unterteilung in 4 Verschiedene Gruppen Gruppe 1 – Kontrollgruppe (41 TN) Keine Veränderung im Tagesablauf Gruppe 2 – Widerstandstraining (73 TN) 3 Einheiten pro Woche Gruppe 3 – Ausdauertraining (72 TN) Wöchentlicher Aufwand von 12 kcal/kg Gruppe 4 – Kombi aus G2 und G3 (76 TN) 2 Einheiten Widerstandstraining in Kombination mit einem Aufwand von 10 kcal/kg in Form von Ausdauertraining pro Woche
Ergebnisse	Gruppe 4: Mittlere Veränderung des HbA1c um -0,34% Verbesserter maximaler Sauerstoffverbrauch Allgemein: Senkung des Taillenumfangs
Schlussfolgerung	Gezieltes Ausdauertraining senkt in Kombination mit Widerstandstraining den HbA1c-Wert und den Sauerstoffverbrauch verbessern. Durch eine Senkung des HbA1c-Werts kann das Risiko auf Folgeerkrankungen (ausgelöst durch Diabetes mellitus Typ-2) gesenkt werden Allgemein führt kontinuierliche Bewegung zu einer Senkung des Taillenumfangs und somit zu einer Verringerung des Körperfettanteils

5 Literaturverzeichnis

Church, TS., Blair, SN., Cocreham, S., Johannsen, N., Johnson, W., Kramer, W. et al. (2010). Effects of aerobic and resistance training on hemoglobin A1c levels in patients with type 2 diabetes: a randomized controlled trial. Zugriff am 16.07.2018. Verfügbar unter https://www.ncbi.nlm.nih.gov/pubmed/21098771?dopt=Abstract

IPN. (2004). *IPN-Test – Ausdauertest für den Fitness- und Gesundheitssport.* Köln: IPN.

Muster M. & Zielinski R. (2006). *Bewegung und Gesundheit. Gesicherte Effekte von körperlicher Aktivität und Ausdauertraining.* Darmstatt: Steinkopff Verlag.

Sardar, MA., Boghrabadi, V., Sohrabi M., Aminzadeh, R., Jalalian, M. (2014). The effects of aerobic exercise training on psychosocial aspects of men with type 2 diabetes mellitus. Zugriff am 16.07.2018. Verfügbar unter https://www.ncbi.nlm.nih.gov/pubmed/24576381

Weineck, J. (2010). *Optimales Training. Leistungsphysiologische Trainingslehre unter besonderer Berücksichtigung des Kinder- und Jugendtrainings* (16., durchgelesene Auflage). Balingen: Spitta Verlag GmbH.

6 Tabellenverzeichnis